Šola - مدرسه 2
Potovanje - سفر 5
Prevoz - حمل و نقل 8
Mesto - شهر 10
Pokrajina - چشم انداز 14
Restavracija - رستوران 17
Supermarket - سوپرمارکت 20
Pijače - نوشیدنی ها .... ??
Hrana - غذا 23
Kmetija - مزرعه 27
Hiša - خانه 31
Dnevna soba - اتاق نشیمن 33
Kuhinja - آشپزخانه 35
Kopalnica - حمام 38
Otroška soba - اتاق بچه 42
Oblačilo - لباس 44
Pisarna - اداره 49
Gospodarstvo - اقتصاد 51
Poklici - مشاغل 53
Orodje - ابزارآلات 56
Glasbeni instrument - آلات موسیقی 57
Živalski vrt - باغ وحش 59
Šport - ورزش ها 62
Dejavnosti - فعالیت ها 63
Družina - خانواده 67
Telo - بدن 68
Bolnišnica - بیمارستان 72
Nujni primer - موقعیت اضطراری 76
Zemlja - کره زمین 77
Ura - ساعت 79
Teden - هفته 80
Leto - سال 81
Oblike - اشکال 83
Barve - رنگ ها 84
Nasprotja - متضاد ها 85
Števila - اعداد 88
Jeziki - زبان ها 90
Kdo / kaj / kako - چه کسی / چه چیزی / چگونه ... 91
Kje - کجا 92

Impressum
Verlag: BABADADA GmbH, Nedderfeld 112 , 22529 Hamburg
Geschäftsführer / Verlagsleitung: Harald Hof
Druck: Books on Demand GmbH, In de Tarpen 42, 22848 Norderstedt

Imprint
Publisher: BABADADA GmbH, Nedderfeld 112 , 22529 Hamburg, Germany
Managing Director / Publishing direction: Harald Hof
Print: Books on Demand GmbH, In de Tarpen 42, 22848 Norderstedt, Germany

AF189337

Šola

مدرسه

Razred
کلاس درس
Deljenje
تقسیم کردن
186/2
Tabla
تخته
Šolsko dvorišče
Učitelj
معلم
Papir
کاغذ
Pisati
نوشتن
Pisalo
خودکار
Pisalna miza
میز تحریر
Ravnilo
خط کش
Knjiga
کتاب
Učenec
دانش آموز

Šolska torba

کیف مدرسه

Peresnica

جامدادی

Svinčnik

مداد

Šilček

تراش

Radirka

پاک کن

Risalni blok

دفتر رسم

Risba

طراحی

Čopič

قلم مو

Vodene barvice

جعبه ی آبرنگ

Škarje

قیچی

Lepilo

چسب

Zvezek

کتاب تمرین

Domača naloga

تکلیف خانه

Število

رقم

Seštevanje

جمع کردن

Odštevanje

تفریق کردن

Množenje

ضرب کردن

Računanje

محاسبه کردن

Črka

حرف الفبا

Abeceda

الفبا

Beseda

کلمه

Besedilo

متن

Brati

خواندن

Kreda

گچ

Učna ura

درس

Redovalnica

ثبت نام

Preizkus znanja

امتحان

Spričevalo

مدرک رسمی

Šolska uniforma

لباس مدرسه

Izobrazba

تحصیلات

Enciklopedija

دانشنامه

Univerza

دانشگاه

Mikroskop

میکروسکوپ

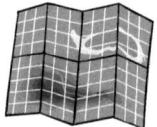

Zemljevid

نقشه

Koš za smeti

سبد کاغذ باطله

Hotel
هتل
Hostel
مسافرخانه
Menjalnica
صرافی
Kovček
چمدان
Avtomobil
اتومبیل

Jezik

زبان

da / ne

بله / خیر

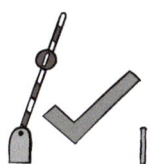

Prav

اُکی

Pozdravljeni

سلام

Prevajalec

مترجم

Hvala

ممنون

Koliko stane...?

قیمت ... چه قدر است؟

Ne razumem

من متوجه نمی شوم

Težava

مشکل

Dober večer!

عصر بخیر! / شب بخیر!

Dobro jutro!

صبح بخیر!

Lahko noč!

شب بخیر!

Nasvidenje

خدانگهدار

Smer

جهت

Prtljaga

بار سفر

Torba

کیف

Nahrbtnik

کوله پشتی

Gost

مهمان

Soba

اتاق

Spalna vreča

کیسه خواب

Šotor

خیمه

Turistične informacije

مرکز راهنمای گردشگران

Plaža

ساحل

Kreditna kartica

کارت اعتباری

Zajtrk

صبحانه

Kosilo

نهار

Večerja

شام

Vozovnica

بلیط

Dvigalo

آسانسور

Znamka

مهر

Meja

مرز

Carina

گمرک

Veleposlaništvo

سفارتخانه

Vizum

ویزا

Potni list

گذرنامه

Prevoz

حمل و نقل

Letalo
هواپیما
Ladja
کشتی
Gasilsko vozilo
ماشین آتش نشانی
Avtobus
اتوبوس
Tovornjak
کامیون
Motorni čoln
قایق موتوری
Kolo
دوچرخه
Avtomobil
اتومبیل

Trajekt

کشتی مسافربری

Čoln

قایق

Motorno kolo

موتورسیکلت

Policijski avto

ماشین پلیس

Dirkalni avto

ماشین مسابقه

Najeto vozilo

ماشین کرایه ای

Souporaba avtomobila

به اشتراک گذاری اتوموبیل

Avtovleka

جرثقیل

Smetarsko vozilo

ماشین حمل زباله

Motor

موتور

Gorivo

بنزین

Bencinska postaja

پمپ بنزین

Prometni znak

تابلو راهنمایی و رانندگی

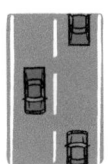

Promet

عبور و مرور

Zastoj

ترافیک

Parkirišče

پارکینگ

Železniška postaja

ایستگاه قطار

Tirnice

ریل راه آهن

Vlak

قطار

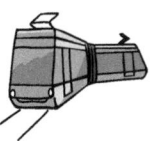

Tramvaj

قطار برقی

Vagon

واگن

Helikopter

هلیکوپتر

Letališče

فرودگاه

Stolp

برج

Potnik

مسافر

Kontejner

کانتینر

Karton

کارتن

Voziček

گاری

Košara

سبد

vzleteti / pristati

به پرواز درآمدن / فرود آمدن

Mesto

شهر

Vas

دهکده

Mestno jedro

مرکز شهر

Hiša

خانه

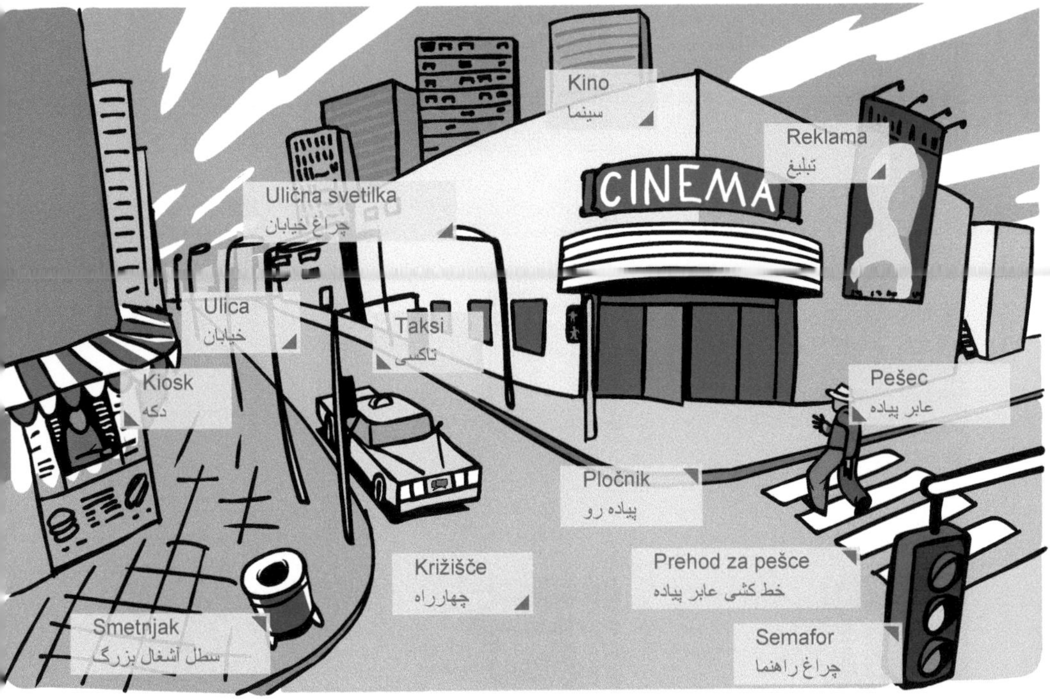

CINEMA
Kino
سینما
Reklama
تبلیغ
Ulična svetilka
چراغ خیابان
Ulica
خیابان
Taksi
تاکسی
Kiosk
دکه
Pešec
عابر پیاده
Pločnik
پیاده رو
Križišče
چهارراه
Prehod za pešce
خط کشی عابر پیاده
Smetnjak
سطل آشغال بزرگ
Semafor
چراغ راهنما

Koča

کلبه

Stanovanje

آپارتمان

Železniška postaja

ایستگاه قطار

Mestna hiša

ساختمان شهرداری

Muzej

موزه

Šola

مدرسه

Univerza

دانشگاه

Banka

بانک

Bolnišnica

بیمارستان

Hotel

هتل

Lekarna

داروخانه

Pisarna

اداره

Knjigarna

کتابفروشی

Trgovina

مغازه

Cvetličarna

گل فروشی

Supermarket

سوپرمارکت

Tržnica

بازار

Veleblagovnica

فروشگاه بزرگ

Ribarnica

ماهی فروش

Nakupovalno središče

مرکز خرید

Pristanišče

بندر

Park

پارک

Klop

نیمکت

Most

پل

Stopnice

پله

Podzemna železnica

مترو

Predor

تونل

Avtobusno postajališče

ایستگاه اتوبوس

Bar

میخانه

Restavracija

رستوران

Poštni nabiralnik

صندوق پست

Ulična tabla

تابلوی خیابان

Parkirna ura

دستگاه پارکومتر

Živalski vrt

باغ وحش

Kopališče

استخر شنای عمومی

Mošeja

مسجد

Kmetija

مزرعه

Onesnaževanje

آلودگی محیط زیست

Pokopališče

قبرستان

Cerkev

کلیسا

Otroško igrišče

زمین بازی

Tempelj

معبد

Pokrajina

چشم انداز

List
برگ

Kažipot
تابلوی راهنمای مسیر

Pot
راه

Travnik
چمنزار

Kamen
سنگ

Drevo
درخت

Pohodnik
راه نورد

Reka
رودخانه

Trava
چمن

Cvetlica
گل

Dolina

دره

Hrib

تپه

Jezero

دریاچه

Gozd

جنگل

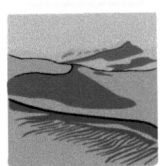

Puščava

بیابان

Vulkan

کوه آتشفشان

Grad

قلعه

Mavrica

رنگین کمان

Goba

قارچ

Palma

درخت نخل

Komar

پشه

Muha

مگس

Mravlja

مورچه

Čebela

زنبور

Pajek

عنکبوت

Hrošč

سوسک

Žaba

قورباغه

Veverica

سنجاب

Jež

جوجه تيغی

Zajec

خرگوش صحرایی

Sova

جغد

Ptič

پرنده

Labod

قو

Divji prašič

گراز

Jelen

گوزن نر

Los

گوزن شمالی

Jez

سد آب

Vetrnica

توربین بادی

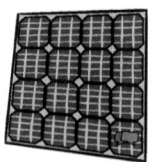

Solarna plošča

صفحه ی خورشیدی

Podnebje

آب و هوا

Restavracija

رستوران

Jedilnik
منوی غذا
Stol
صندلی
Juha
سوپ
Pica
پیتزا
Pribor
سرویس کارد و قاشق و چنگال
Prt
رومیزی

Predjed

پیش‌غذا

Glavna jed

غذای اصلی

Sladica

دسر

Pijače

نوشیدنی ها

Hrana

غذا

Steklenica

بطری

Hitra hrana

فست فود

Ulična hrana

اغذیه خیابانی

Čajnik

قوری

Sladkornica

قندان

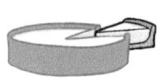

Porcija

پُرس غذا

Aparat za espresso

دستگاه اسپرسو

Stolček za hranjenje

صندلی پایه بلند غذاخوری بچه

Račun

صورتحساب

Pladenj

سینی

Nož

چاقو

Vilica

چنگال

Žlica

قاشق

Čajna žlička

قاشق چایخوری

Servieta

دستمال سفره

Kozarec

لیوان

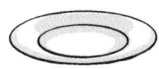

Krožnik

بشقاب

Globoki krožnik

بشقاب سوپخوری

Krožniček

نعلبکی

Omaka

سس

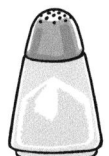

Solnica

نمکدان

Mlinček za poper

فلفل ساب

Kis

سرکه

Olje

روغن خوراکی

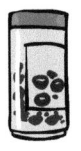

Začimbe

ادویه جات

Kečap

سس کچاپ

Gorčica

سس خردل

Majoneza

سس مایونز

Supermarket

سوپرمارکت

Posebna ponudba
پیشنهاد ویژه
FOR
Stranka
مشتری
Mlečni izdelki
لبنیات
Sadje
میوه جات
Nakupovalni voziček
چرخ دستی خرید

Mesnica

قصابی

Pekarna

نانوایی

Tehtati

وزن کردن

Zelenjava

سبزیجات

Meso

گوشت

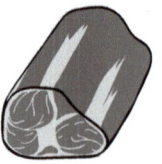

Zamrznjena hrana

غذای منجمد

Hladne mesnine

مخلوطی از انواع کالباس یا پنیر که
ورقه ای بریده شده باشند

Konzerve

غذای کنسروی

Pralni prašek

پودر لباسشویی

Sladkarije

شیرینی جات

Gospodinjski izdelki

لوازم خانگی

Čistilno sredstvo

ماده شوینده و پاک کننده

Prodajalka

فروشنده

Blagajna

صندوق پرداخت

Blagajnik

صندوقدار

Nakupovalni seznam

لیست خرید

Delovni čas

ساعات کار

Denarnica

کیف پول

Kreditna kartica

کارت اعتباری

Torba

کیف

Plastična vrečka

کیسه ی پلاستیکی

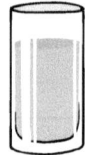

Pijače

نوشیدنی ها

Voda

آب

Sok

آبمیوه

Mleko

شیر

Kola

نوشابه کوکاکولا

Vino

شراب

Pivo

آبجو

Alkohol

الکل

Kakav

کاکائو

Čaj

چای

Kava

قهوه

Espresso

قهوه اسپرسو

Kapučino

کاپوچینو

Hrana
غذا

Banana

موز

Jabolko

سیب

Pomaranča

پرتقال

Lubenica

انواع هندوانه و خربزه

Limona

لیمو

Korenje

هویج

Česen

سیر

Bambus

نِی بامبو

Čebula

پیاز

Goba

قارچ

Oreščki

آجیل

Rezanci

ماکارونی

Špageti

اسپاگتی

Riž

برنج

Solata

سالاد

Ocvrt krompirček

سیب زمینی سرخ کرده

Pečen krompir

سیب زمینی سرخ شده

Pica

پیتزا

Hamburger

همبرگر

Sendvič

ساندویچ

Zrezek

شنیتسل

Šunka

ژامبون خوک

Salama

سالامی

Klobasa

سوسیس

Piščanec

مرغ

Pečenka

نوعی گوشت سرخ شده

Riba

ماهی

Ovseni kosmiči

جوی پرک شده

Musli

نوعی صبحانه مخلوطی از برگه ذرت و
میوه های خشک شده و خشکبار که
معمولاً با شیر خورده می سود

Koruzni kosmiči

کورنفلکس

Moka

آرد

Rogljiček

کرواسان

Žemlja

نان بروتشن

Kruh

نان

Prepečenec

نان تست

Piškoti

بیسکویت

Maslo

کره

Skuta

کشک

Torta

کیک

Jajce

تخم مرغ

Pečeno jajce na oko

تخم مرغ نیمرو

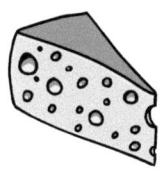

Sir

پنیر

Sladoled

بستنی

Sladkor

شکر

Med

عسل

Marmelada

مربا

Čokoladni namaz

کرم شکلاتی بادامی

Kari

ادویه کاری

Kmetija
مزرعه

Kmečka hiša
خانه ی مزرعه داران
Skedenj
انبار غله
Bala slame
Polje
مزرعه
Konj
اسب
Prikolica
ماشین یدک کش
Traktor
تراکتور
Žrebe
کره اسب
Osel
خر
Ovca
گوسفند
Jagnje
بره

Koza

بز

Krava

گاو ماده

Tele

گوساله

Prašič

خوک

Pujsek

بچه خوک

Bik

گاو نر

Gos

غاز

Raca

اردک

Piščanec

جوجه

Kokoš

مرغ

Petelin

خروس

Podgana

موش صحرایی

Mačka

گربه

Miš

موش

Vol

گاو نر اخته

Pes

سگ

Pasja uta

لانه ی سگ

Cev za zalivanje

شلنگ باغبانی

Kangla za zalivanje

آبپاش

Kosa

داس دسته بلند

Plug

گاوآهن

Srp

داس

Motika

کج بیل

Vile

چنگک باغبانی

Sekira

تبر

Samokolnica

فرقون

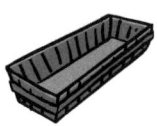

Korito

آبشخور

Kangla za mleko

بطری نگهداری شیر

Vreča

کیسه

Ograja

حصار

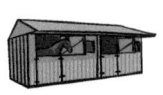

Hlev

اصطبل

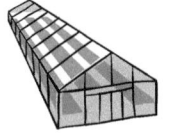

Rastlinjak

گلخانه

Prst

خاک

Seme

بذر

Gnojilo

کود

Kombajn

ماشین کمباین

Žeti

برداشت کردن محصول

Žetev

محصول

Jam

تمیس

Pšenica

گندم

Soja

سویا

Krompir

سیب زمینی

Koruza

ذرت

Oljna ogrščica

کلزا

Sadno drevo

درخت میوه

Maniok

گیاه مانیوک

Žito

غلات

Hiša
خانه

Dimnik
دودکش
Streha
پشت بام
Žleb
ناودان
Okno
پنجره
Garaža
گاراژ
Zvonec
زنگ در
Vrata
در
Koš za smeti
سطل آشغال
Poštni nabiralnik
صندوق مراسلات
Vrt
باغ

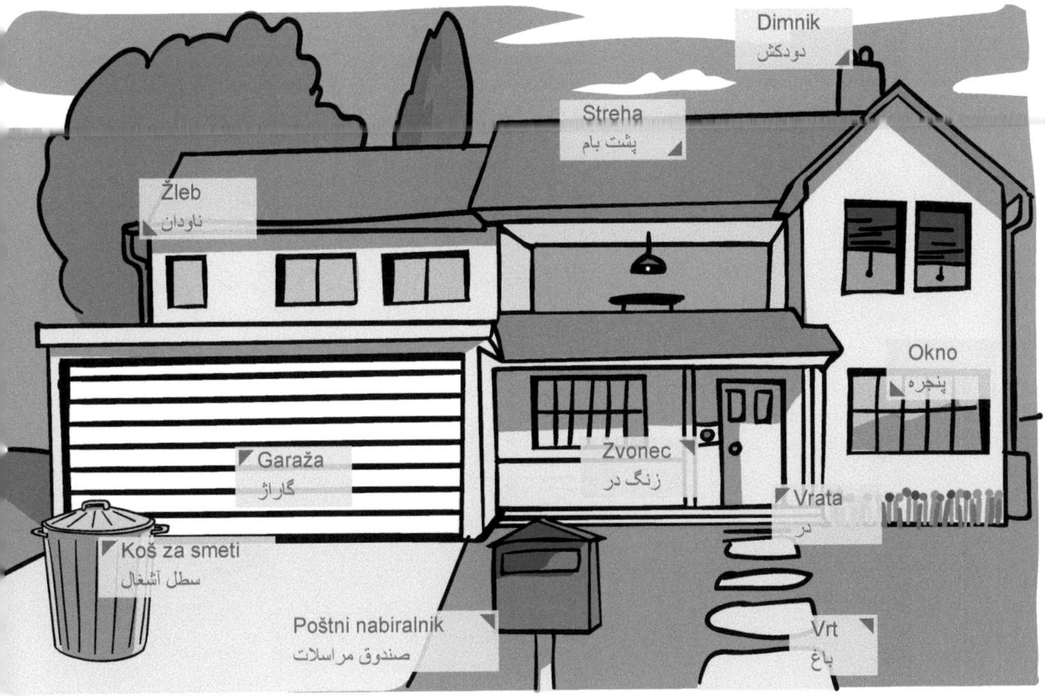

Dnevna soba
اتاق نشیمن

Kopalnica
حمام

Kuhinja
آشپزخانه

Spalnica
اتاق خواب

Otroška soba
اتاق بچه

Jedilnica
ناهارخوری

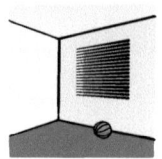

Tla

کف زمین

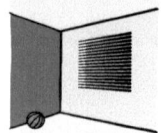

Stena

دیوار

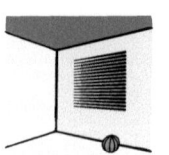

Strop

سقف

Klet

زیرزمین

Savna

سونا

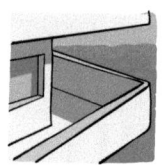

Balkon

بالکن

Terasa

تراس

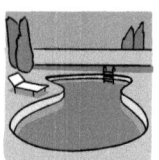

Bazen

استخر

Kosilnica

ماشین چمنزنی

Rjuha

ملافه

Posteljno pregrinjalo

روتختی

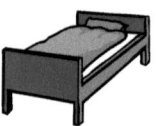

Postelja

تخت خواب

Metla

جارو

Vedro

سطل

Stikalo

سویچ یا کلید

Dnevna soba

اتاق نشیمن

Tapeta
کاغذ دیواری
Slika
Svetilka
لامپ
Polica
قفسه
Omara
کابینت
Televizor
تلویزیون
Kamin
شومینه
Cvetlica
گل
Blazina
کوسن
Zofa
کاناپه
Vaza
گلدان
Daljinski upravljalnik
کنترل تلویزیون و ویدئو و غیره

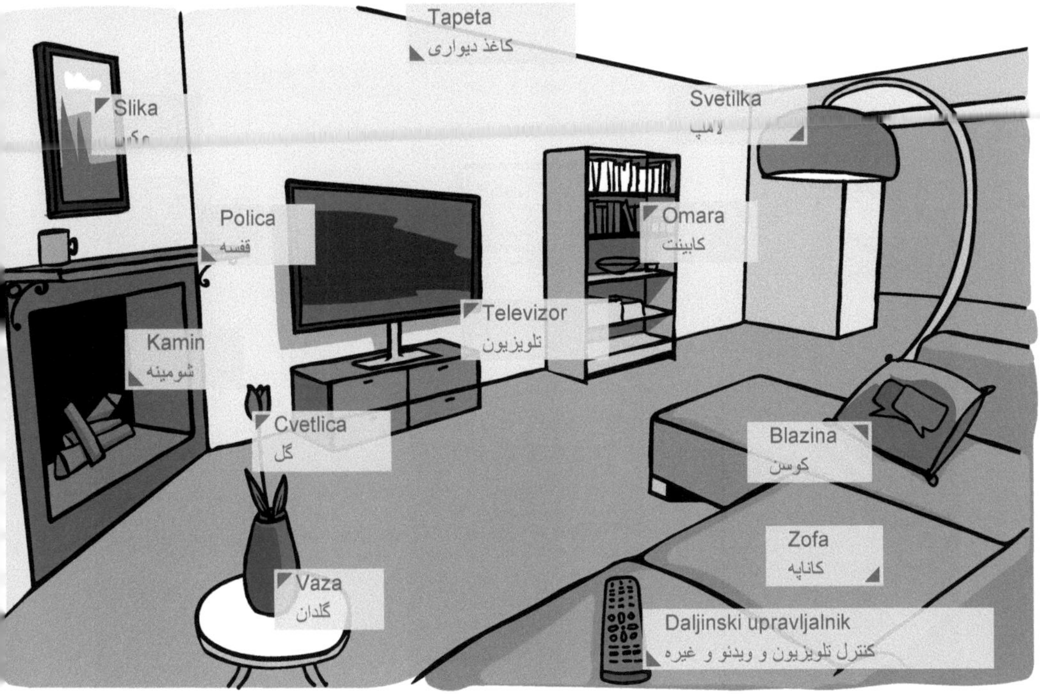

Preproga

فرش

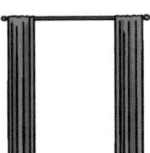

Zavesa

پرده

Miza

میز

Stol

صندلی

Gugalnik

صندلی گهواره ایی

Naslanjač

صندلی راحتی

Knjiga

کتاب

Odeja

لحاف

Dekoracija

دکوراسیون

Drva

هیزم

Film

فیلم

Glasbeni stolp

دستگاه ضبط صوت

Ključ

کلید

Časopis

روزنامه

Slika

تابلو نقاشی

Plakat

پوستر

Radio

رادیو

Beležka

دفترچه یادداشت

Sesalnik

جاروبرقی

Kaktus

کاکتوس

Sveča

شمع

Kuhinja

آشپزخانه

Hladilnik
Mikrovalovna pečica
ماکروویو
Kuhinjska tehtnica
Opekač
تُستر
Detergent
ماده شوینده و پاک کننده
Pečica
فر خوراک پزی
Zamrzovalnik
جایخی
Koš za smeti
سطل آشغال
Pomivalni stroj
ماشین ظرفشویی

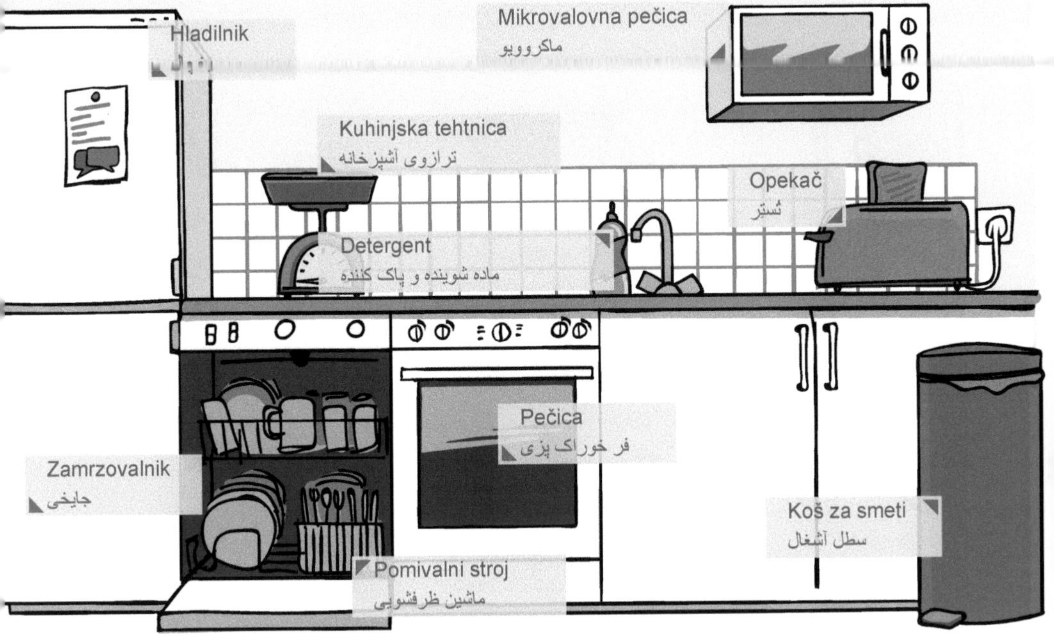

Kozica

اجاق گاز

Lonec

قابلمه

Litoželezni lonec

قابلمه چدنی

Vok / kadai

ماهی تابه گود

Ponev

ماهی تابه

Kotliček

کتری

Parni kuhalnik

بخارپز

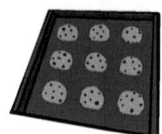

Pekač

سینی فر

Posoda

ظرف چینی آشپزخانه

Skodelica

لیوان

Skleda

کاسه

Jedilne paličice

چاپستیک

Zajemalka

ملاقه

Lopatica

کفگیر

Metlica

همزن

Cedilnik

آبکش

Cedilo

آبکش

Strgalo

رنده

Možnar

هاون

Žar

باربیکیو

Ognjišče

محل مخصوص افروختن آتش

Deska za rezanje

تخته گوشت و سبزی

Valjar

وردنه

Odpirač za steklenice

در بطری بازکن

Pločevinka

قوطی

Odpirač za konzerve

در قوطی بازکن

Prijemalka za posodo

دستگیره پارچه ای

Korito

سینک ظرفشویی

Ščetka

برس گردگیری

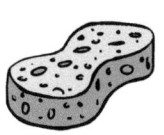

Goba

اسفنج

Mešalnik

مخلوط کن

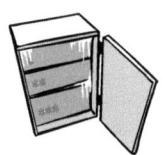

Zamrzovalna skrinja

فریزر

Steklenička

شیشه شیر بچه

Pipa

شیر آب

Kopalnica

حمام

Prha
دوش
Ogrevanje
بخاری
Brisača
حوله
Zavesa za prho
پرده ی حمام
Peneča kopel
حمام کف
Kopalna kad
وان حمام
Kozarec
لیوان
Pralni stroj
ماشین لباسشویی
Pipa
شیر آب
Ploščice
کاشی
Kahlica
لگن دستشویی کودکان
Korito
سینک ظرفشویی

Stranišče
....
توالت

Stranišče na počep
....
توالت ایرانی

Bide
....
کاسه توالت

Pisoar
....
توالت مخصوص آقایان

Toaletni papir
....
دستمال توالت

Ščetka za straniščno školjko
....
فرچه توالت

38 Kopalnica - حمام

Zobna ščetka

مسواک

Zobna pasta

خمیردندان

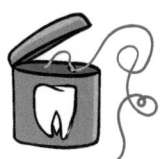

Zobna nitka

نخ دندان

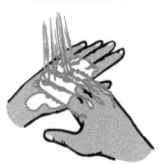

Umiti se

شستن

Ročna prha

دوش آب تلفنی

Prha za intimne dele

شلنگ توالت

Umivalnik

لگن روشویی

Krtača za hrbet

برس شست و شوی پشت

Milo

صابون

Gel za prhanje

شامپو بدن

Šampon

شامپو

Krpica za miljenje

لیف حمام

Odtok

راه آب

Krema

کرم

Deodorant

اسپری دئودورانت

Ogledalo

آیینه

Ročno ogledalo

آیینه ی کوچک دستی

Britvica

تیغ ریش تراشی

Pena za britje

کف ریش تراشی

Vodica po britju

افترشیو

Glavnik

شانه ی سر

Ščetka

برس

Sušilnik za lase

سشوار

Lak za lase

اسپری مو

Ličila

آرایش

Šminka

رژلب

Lak za nohte

لاک ناخن

Vatirane blazinice

پنبه

Škarjice za nohte

قیچی ناخن

Parfum

عطر

Toaletna torbica

کیف لوازم آرایشی و بهداشتی

Stol brez naslonjala

چهارپایه

Osebna tehtnica

ترازو

Kopalni plašč

حوله ی پالتویی

Gumijaste rokavice

دستکش ظرفشویی

Tampon

تامپون

Damski vložki

نوار بهداشتی

Kemično stranišče

توالت سیار

Otroška soba

اتاق بچه

Budilka
ساعت زنگدار
Plišasta igrača
نوعی عروسک نرم به شکل حیوانات
Avtomobilček
ماشین اسباب بازی
Ropotuljica
جغجغه
Hiška za punčke
خانه ی عروسکی
Darilo
کادو

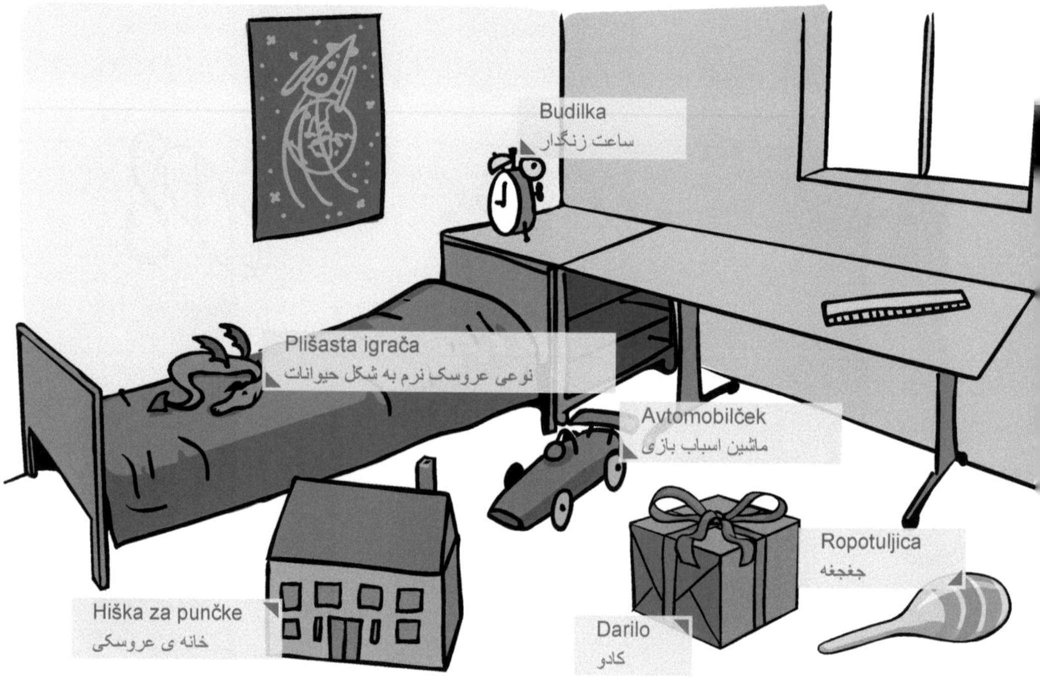

Balon
بادکنک

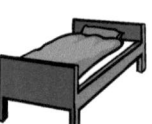

Postelja
تخت خواب

Otroški voziček
کالسکه بچه

Igralne karte
بازی ورق

Sestavljanka
پازل

Strip
داستان مصور

Lego kocke

اسباب بازی لگو

Igralne kocke

خانه سازی

Akcijska figura

عروسک شخصیت های فیلم و کارتون

Bodi

لباس نوزاد

Frizbi

فریزبی

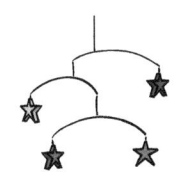

Vrtiljak za posteljico

نوعی اسباب بازی که روی تخت نوزاد
یا کودک نصب می شود

Namizna igra

بازی روی صفحه

Kocka

تاس

Komplet modelov vlakov

قطار اسباب بازی

Duda

پستانک

Zabava

مهمانی

Slikanica

کتاب مصور

Žoga

توپ

Lutka

عروسک

Igrati se

بازی کردن

Peskovnik

جعبه شنی مخصوص بازی کودکان

Gugalnica

تاب

Igrače

اسباب بازی

Igralna konzola

کنسول بازی های کامپیوتری

Tricikel

سه چرخه

Plišasti medvedek

خرس عروسکی

Garderoba

کمد لباس

Oblačilo

لباس

Nogavice

جوراب

Samostoječe nogavice

جوراب زنانه ساق بلند

Hlačne nogavice

جوراب شلواری

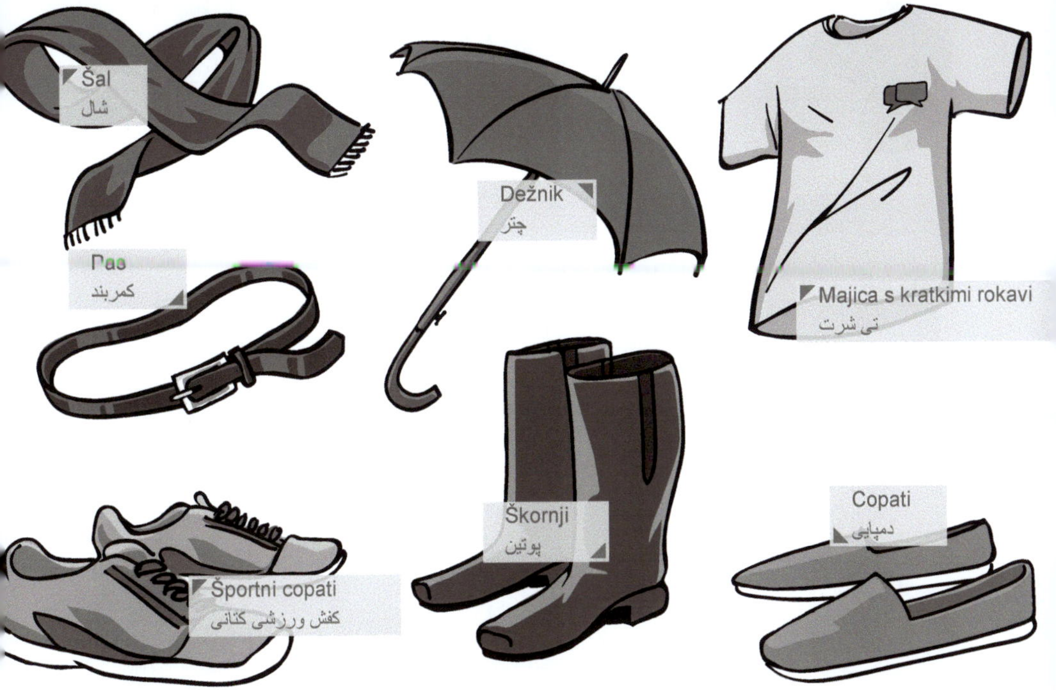

Šal
شال

Dežnik
چتر

Majica s kratkimi rokavi
تی شرت

Раs
کمربند

Športni copati
کفش ورزشی کتانی

Škornji
پوتین

Copati
دمپایی

Sandali
....
صندل

Čevlji
....
کفش

Gumijasti škornji
....
چکمه پلاستیکی

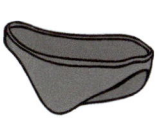

Spodnje hlače
....
شرت

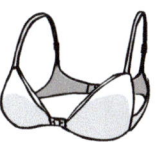

Modrček
....
سوتین

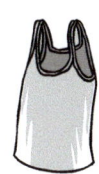

Telovnik
....
جلیقه

Bodi

بادی

Hlače

شلوار

Kavbojke

جین

Krilo

دامن

Bluza

بلوز

Srajca

پیراهن

Pulover

پولیور

Pletena jopica

سویی شرت

Jopa

نوعی کت

Jakna

ژاکت

Plašč

کت بلند

Dežni plašč

بارانی

Kostim

لباس نمایش

Obleka

لباس

Poročna obleka

لباس عروس

Obleka

کت و شلوار

Spalna srajca

لباس خواب زنانه

Pižama

پیژامه

Sari

ساری

Naglavna ruta

روسری

Turban

عمامه

Burka

برقع

Kaftan

قبا

Abaja

عبا

Kopalke

لباس شنا

Kopalne hlače

شرت شنا

Kratke hlače

شلوارک

Trenirka

لباس ورزشی

Predpasnik

پیشبند

Rokavice

دستکش

Gumb

دکمه

Očala

عینک

Zapestnica

دستبند

Verižica

گردنبند

Prstan

انگشتر

Uhan

گوشواره

Kapa

کلاه لبه دار

Obešalnik

چوب لباسی

Klobuk

کلاه

Kravata

کراوات

Zadrga

زیپ

Čelada

کلاه ایمنی

Naramnice

بند شلوار

Šolska uniforma

لباس مدرسه

Uniforma

لباس فرم

Slinček

پیش بند بچه

Duda

پستانک

Plenica

پوشک بچه

Pisarna

اداره

Strežnik
سرور
Kartotečna omara
کمد نگهداری پرونده
Tiskalnik
چاپگر
Papir
کاغذ
Monitor
مانیتور
Miška
ماوس
Pisalna miza
میز تحریر
Mapa
زونکن
Tipkovnica
صفحه کلید
Stol
صندلی
Koš za smeti
سبد کاغذ باطله
Računalnik
کامپیوتر

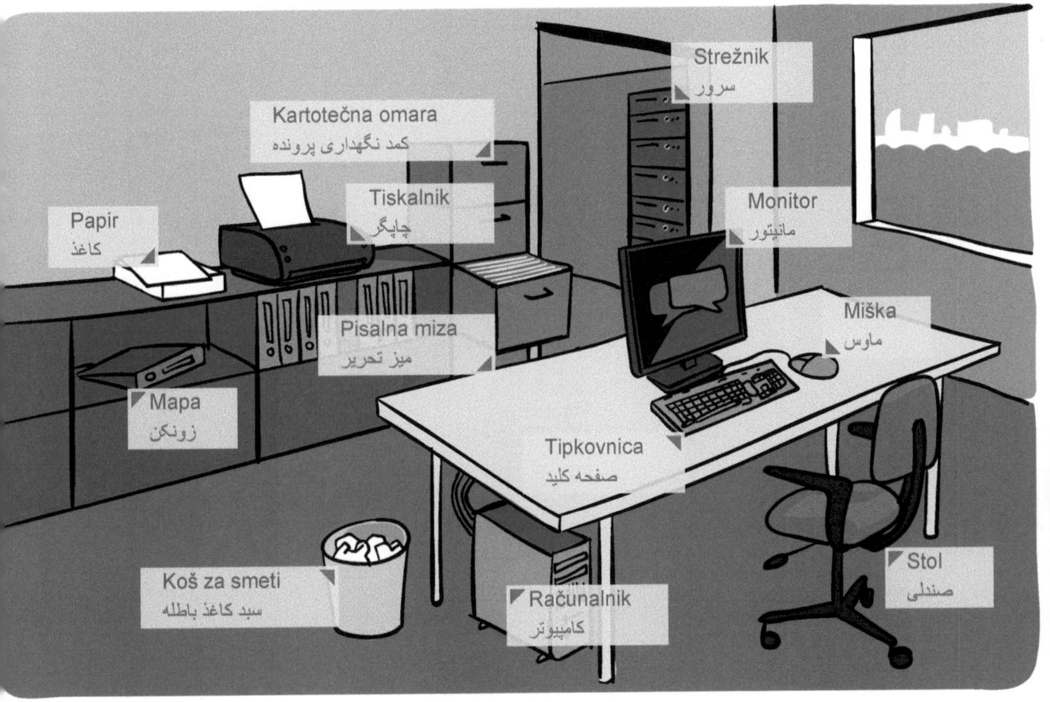

Lonček za kavo

لیوان قهوه

Kalkulator

ماشین حساب

Internet

اینترنت

Prenosnik

لپ تاپ

Pismo

نامه

Sporočilo

پیغام

Mobilnik

تلفن همراه

Omrežje

شبکه ی ارتباطی

Kopirni stroj

دستگاه فتوکپی

Programska oprema

نرم افزار

Telefon

تلفن

Vtičnica

پریز

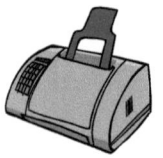

Telefaks

دستگاه فاکس

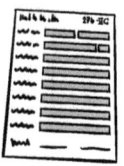

Obrazec

فرم

Dokument

مدرک

Kupiti

خریدن

Plačati

پرداخت کردن

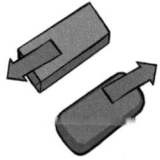

Trgovati

تجارت کردن

Denar

پول

Dolar

دلار

Evro

یورو

Jen

ین

Rubelj

روبل

Švičarski frank

فرانک سوئیس

Kitajski juan renminbi

یوان رنمینبی

Rupija

روپیه

Bankomat

دستگاه خودپرداز

Menjalnica

صرافی

Zlato

طلا

Srebro

نقره

Nafta

نفت

Energija

انرژی

Cena

قیمت

Pogodba

قرارداد

Davek

مالیات

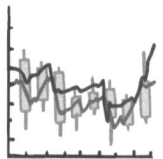

Delnice

سهام سرمایه

Delati

کار کردن

Delojemalec

کارمند

Delodajalec

کارفرما

Tovarna

کارخانه

Trgovina

مغازه

Policist
بازرس پلیس

Gasilec
آتش نشان

Pilot
خلبان

Zdravnik
دکتر

Kuhar
آشپز

Vrtnar

باغبان

Mizar

نجار

Šivilja

خیاط زنانه

Sodnik

قاضی

Kemik

شیمیدان

Igralec

بازیگر

Voznik avtobusa

راننده اتوبوس

Taksist

راننده تاکسی

Ribič

ماهیگیر

Čistilka

نظافتچی زن

Krovec

سقف ساز

Natakar

پیشخدمت رستوران

Lovec

شکارچی

Pleskar

نقاش

Pek

نانوا

Električar

برقکار

Gradbenik

کارگر ساختمانی

Inženir

مهندس

Mesar

قصاب

Vodovodni inštalater

لوله کش

Poštar

پستچی

Vojak

سرباز

Arhitekt

معمار

Blagajnik

صندوقدار

Cvetličar

گل فروش

Frizer

آرایشگر

Sprevodnik

مامور کنترل بلیط در قطار

Mehanik

مکانیک

Kapitan

ناخدا

Zobozdravnik

دندانپزشک

Znanstvenik

دانشمند

Rabin

عالم يهودی

Imam

امام

Menih

راهب

Duhovnik

کشیش

Orodje

ابزارآلات

Kladivo
چکش
Klešče
انبردست
Izvijač
پیچ گوشتی
Vijačni ključ
آچار
Žepna svetilka
چراغ قوه

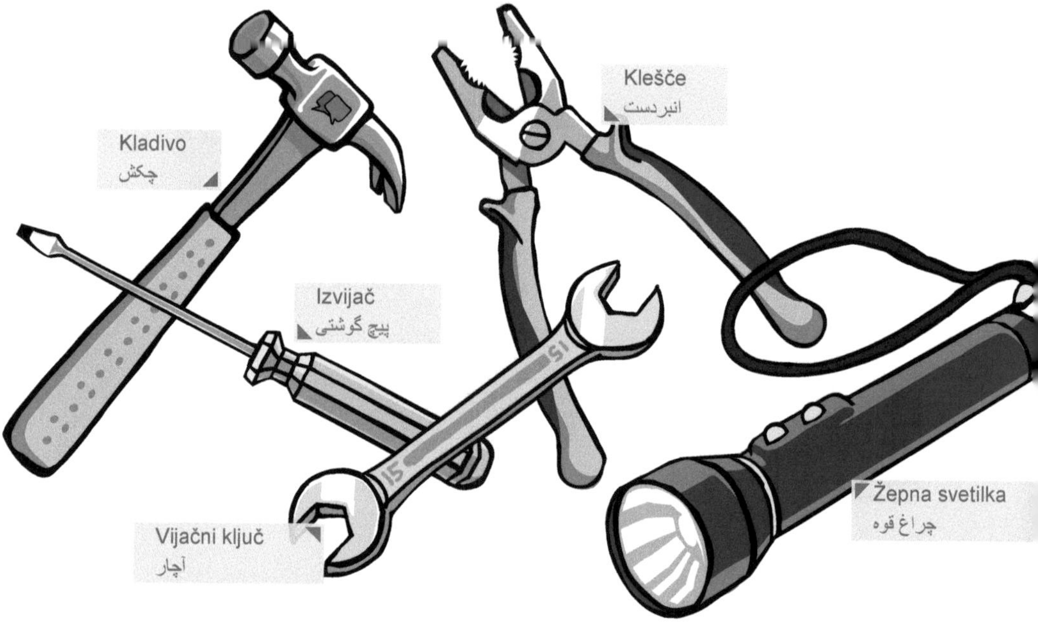

Bager

بیل مکانیکی

Zaboj z orodjem

جعبه ابزار

Lestev

نردبان

Žaga

ارّه

Žeblji

میخ

Vrtalnik

مته

Popraviti

تعمیر کردن

Lopata

بیل

Šment!

لعنتی!

Smetišnica

خاک انداز

Posoda z barvo

سطل رنگرزی

Vijaki

پیچ

Glasbeni instrument

آلات موسیقی

Zvočnik
بلندگو

Tolkala
درامز

Kitara
گیتار

Kontrabas
کنترباس

Trobenta
ترومپت

Klavir

پیانو

Violina

ویولن

Bas kitara

گیتار بیس

Pavke

تیمپانی

Bobni

طبل

Sintetizator

کیبورد الکتریک

Saksofon

ساکسیفون

Flavta

فلوت

Mikrofon

میکروفون

Živalski vrt
باغ وحش

Vhod
ورودی
Tiger
ببر
Kletka
قفس
Zebra
گورخر
Krma za živali
خوراک حیوانات
Panda
خرس پاندا

Živali

حیوانات

Slon

فیل

Kenguru

کانگورو

Nosorog

کرگدن

Gorila

گوریل

Medved

خرس

Kamela

شتر

Noj

شترمرغ

Lev

شیر

Opica

میمون

Plamenec

فلامینگو

Papagaj

طوطی

Severni medved

خرس قطبی

Pingvin

پنگوئن

Morski pes

کوسه

Pav

طاووس

Kača

مار

Krokodil

تمساح

Oskrbnik v živalskem vrtu

نگهبان باغ وحش

Tjulenj

خوک آبی

Jaguar

پلنگ امریکایی

Poni

اسب کوچک

Leopard

پلنگ

Povodni konj

اسب آبی

Žirafa

زرافه

Orel

عقاب

Divji prašič

گراز

Riba

ماهی

Želva

لاک پشت

Mrož

شیرماهی

Lisica

روباه

Gazela

غزال

Šport
ورزش ها

Ameriški nogomet
فوتبال آمریکایی

Kolesarjenje
دوچرخه سواری

Tenis
تنیس

Košarka
بسکتبال

Plavanje
شنا

Boks
بوکس

Hokej
هاکی روی یخ

Nogomet
فوتبال

Badminton
بدمینتون

Atletika
دوومیدانی

Rokomet
هندبال

Smučanje
اسکی

Polo
پولو

62 ورزش ها - Šport

Dejavnosti
فعالیت ها

Smejati se
خندیدن
Skočiti
پریدن
Objeti
بغل کردن
Hoditi
راه رفتن
Peti
آواز خواندن
Sanjati
رؤیا دیدن
Moliti
دعا کردن
Poljubiti
بوسیدن

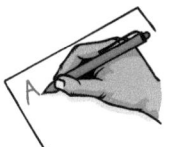

Pisati
نوشتن

Risati
رسم کردن

Pokazati
نشان دادن

Potisniti
هل دادن

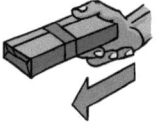

Dati
دادن

Vzeti
برداشتن

Imeti

داشتن

Narediti

انجام دادن

Biti

بودن

Stati

ايستادن

Teči

دويدن

Vleči

كشيدن

Vreči

پرتاب كردن

Pasti

افتادن

Ležati

دراز كشيدن

Čakati

منتظر بودن

Nositi

حمل كردن

Sedeti

نشستن

Obleči se

لباس پوشيدن

Spati

خوابيدن

Zbuditi se

بيدار شدن

Gledati

تماشا کردن

Jokati

گریه کردن

Božati

نوازش کردن

Česati se

شانه کردن

Govoriti

حرف زدن

Razumeti

فهمیدن

Vprašati

پرسیدن

Poslušati

شنیدن

Piti

آشامیدن

Jesti

خوردن

Pospraviti

مرتب کردن

Ljubiti

عاشق بودن

Kuhati

پختن

Voziti

رانندگی کردن

Leteti

پرواز کردن

Jadrati

قایقرانی کردن

Računanje

محاسبه کردن

Brati

خواندن

Učiti se

یاد گرفتن

Delati

کار کردن

Poročiti se

ازدواج کردن

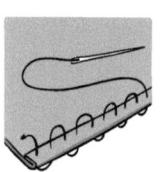

Šivati

دوختن

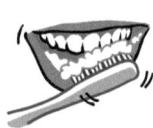

Ščetkati si zobe

مسواک زدن

Ubiti

کشتن

Kaditi

سیگار کشیدن

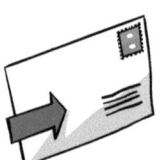

Poslati

فرستادن

Družina
خانواده

Stara mati
مادربزرگ
Stari oče
پدربزرگ
Oče
پدر
Mati
مادر
Dojenček
کودک
Hči
فرزند دختر
Sin
فرزند پسر

Gost

مهمان

Teta

خاله، عمه

Stric

دایی، عمو

Brat

برادر

Sestra

خواهر

Telo

بدن

Čelo
پیشانی
Oko
چشم
Rama
شانه
Prst
انگشت دست
Obraz
صورت
Brada
چانه
Dlan
دست
Noga
ساق پا
Prsi
سینه
Roka
بازو

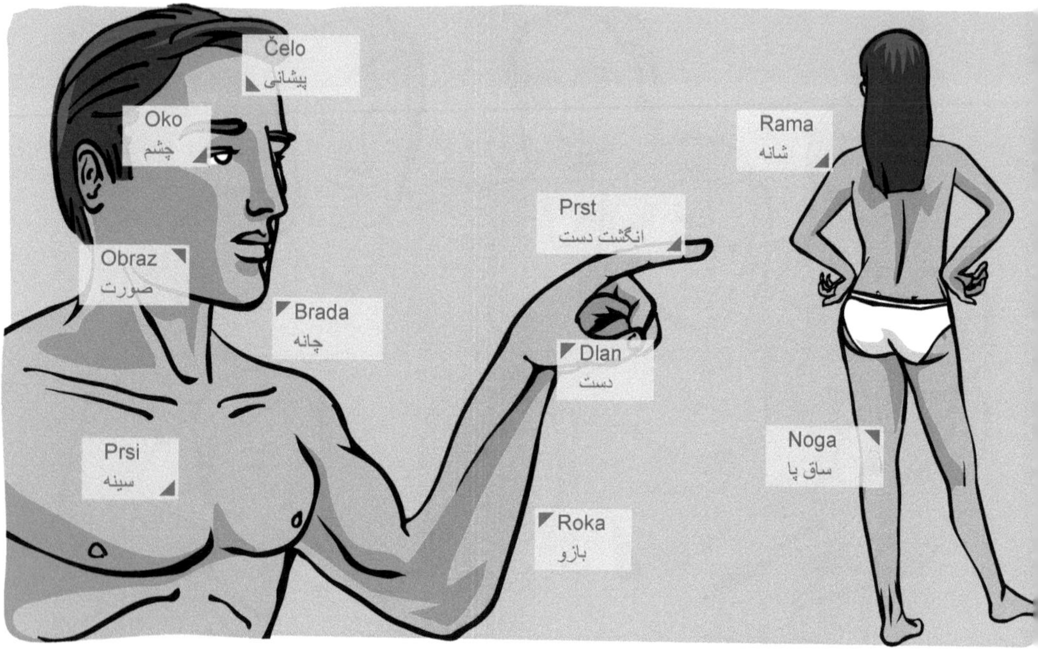

Dojenček

کودک

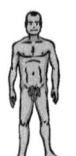

Človek

مرد

Ženska

زن

Dekle

دختربچه

Fant

پسربچه

Glava

کله

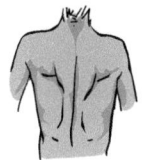

Hrbet

کمر

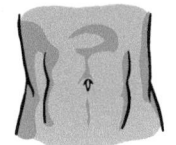

Trebuh

شکم

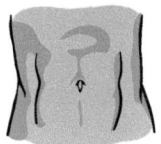

Popek

ناف

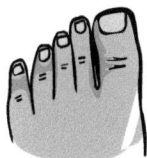

Prst na nogi

انگشت پا

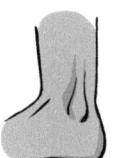

Peta

پاشنه

Kost

استخوان

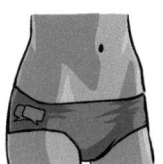

Kolk

لگن

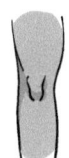

Koleno

زانو

Komolec

آرنج

Nos

بینی

Zadnjica

نشیمنگاه

Koža

پوست

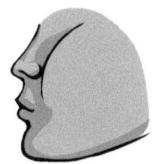

Lice

گونه

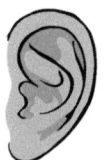

Uho

گوش

Ustnica

لب

Usta

دهان

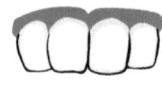

Zob

دندان

Jezik

زبان

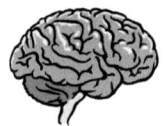

Možgani

مغز

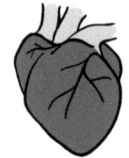

Srce

قلب

Mišica

عضله

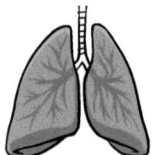

Pljuča

ریه

Jetra

کبد

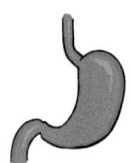

Želodec

معده

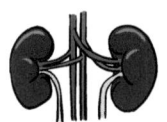

Ledvice

کلیه

Spolni odnos

آمیزش جنسی

Kondom

کاندوم

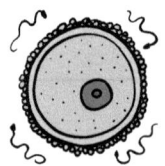

Jajčece

تخمک

Semenska tekočina

اسپرم

Nosečnost

حاملگی

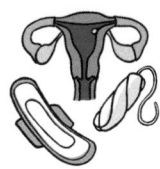

Menstruacija

پریود

Vagina

واژن

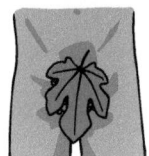

Penis

آلت تناسلی مرد

Obrv

ابرو

Lasje

مو

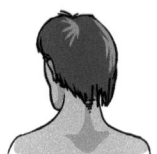

Vrat

گردن

Bolnišnica
بیمارستان

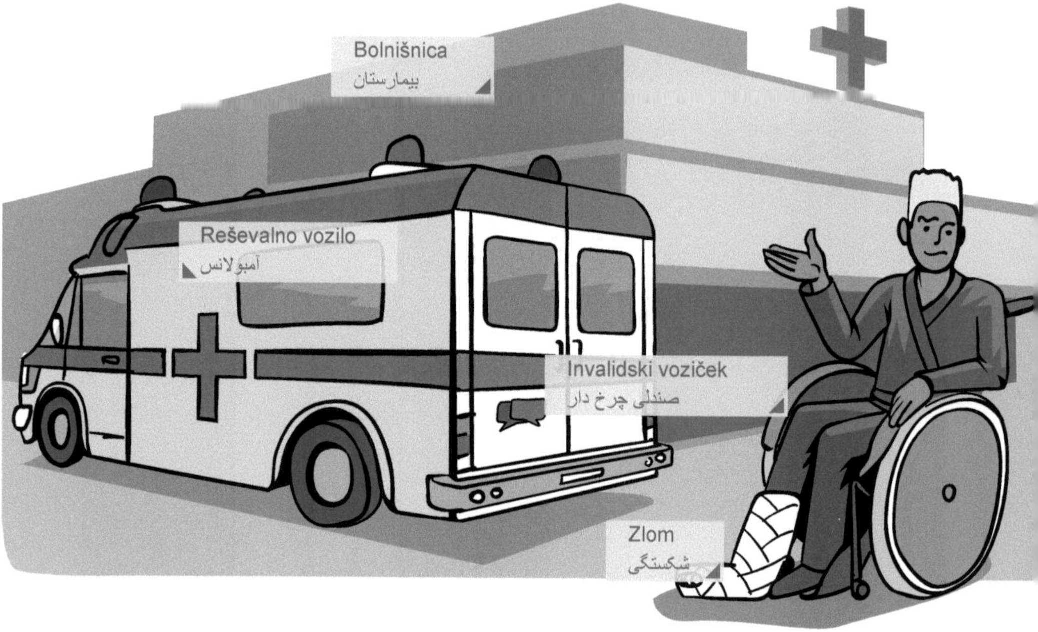

Bolnišnica
بیمارستان
Reševalno vozilo
آمبولانس
Invalidski voziček
صندلی چرخ دار
Zlom
شکستگی

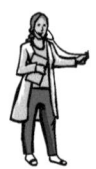

Zdravnik

دکتر

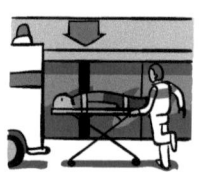

Urgenca

بخش اورژانس

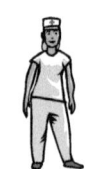

Medicinska sestra

پرستار

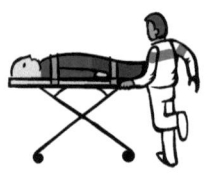

Nujni primer

موقعیت اضطراری

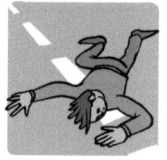

Nezavesten

بی هوش

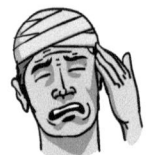

Bolečina

درد

Poškodba

مصدومیت

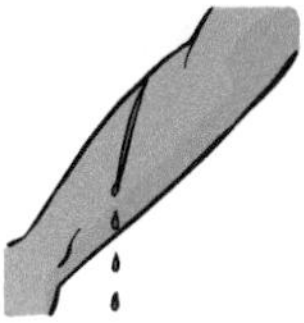

Krvavenje

خونریزی

Srčni infarkt

سکته قلبی

Kap

سکته مغزی

Alergija

آلرژی

Kašelj

سرفه

Vročina

تب

Gripa

آنفولانزا

Driska

اسهال

Glavobol

سردرد

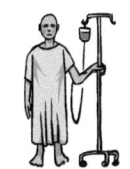

Rak

سرطان

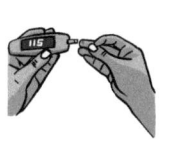

Sladkorna bolezen

دیابت

Kirurg

جراح

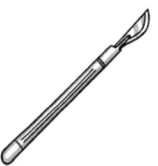

Skalpel

چاقوی جراحی

Operacija

عمل جراحی

CT
سی تی اسکن

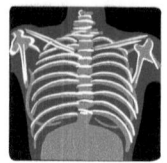

Rentgen
پرتونگاری

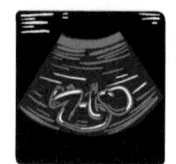

Ultrazvok
سونوگرافی

Obrazna maska
ماسک صورت

Bolezen
بیماری

Čakalnica
اتاق انتظار

Bergla
چوب زیر بغل

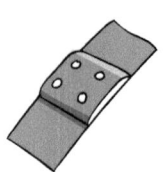

Obliž
چسب زخم

Preveza
پانسمان

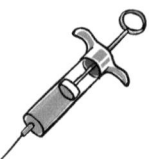

Injekcija
تزریق

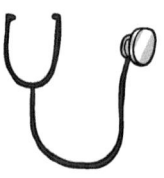

Stetoskop
گوشی طبی

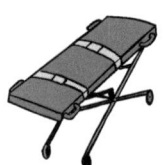

Nosila
برانکار

Klinični termometer
دماسنج

Porod
زایش

Prekomerna teža
اضافه وزن

Slušni pripomoček

سمعک

Razkužilo

ماده ضد غفونی کننده

Okužba

عفونت

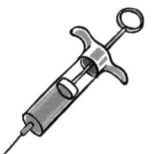

Virus

ویروس

HIV / AIDS

اچ آی وی / ایدز

Medicina

دارو

Cepljenje

واکسیناسیون

Tablete

قرص

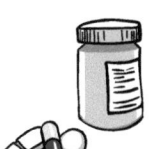

Tableta

قرص ضد حاملگی

Klic v sili

تماس اظطراری

Merilnik krvnega tlaka

دستگاه اندازه گیری فشارخون

bolano / zdravo

مریض / سالم

Nujni primer
موقعیت اضطراری

Na pomoč!

کمک!

Alarm

آژیر خطر

Napad

حمله

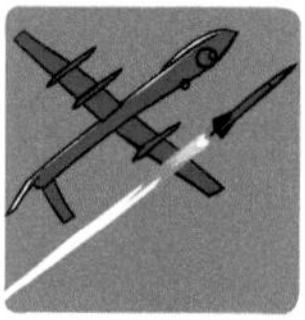

Napad

حمله ی فیزیکی

Nevarnost

خطر

Izhod v sili

خروج اظطراری

Gori!

آتش

Gasilni aparat

کپسول آتش‌نشانی

Nezgoda

تصادف

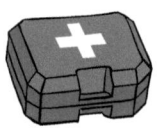

Komplet za prvo pomoč

جعبه کمک های اولیه

SOS

درخواست کمک

Policija

پلیس

Evropa

اروپا

Severna Amerika

آمریکای شمالی

Južna Amerika

آمریکای جنوبی

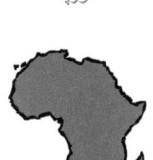

Afrika

آفریقا

Azija

آسیا

Avstralija

استرالیا

Atlantski ocean

اقیا نوس اطلس

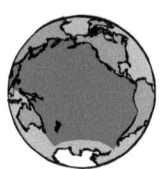

Tihi ocean

اقیانوس آرام

Indijski ocean

اقیانوس هند

Južni ocean

اقیا نوس اطلس جنوبی

Arktični ocean

اقیانوس منجمد شمالی

Severni tečaj

قطب شمال

Južni tečaj

قطب جنوب

Antarktika

قاره قطب جنوب

Zemlja

کره زمین

Kopno

سرزمین

Morje

دریا

Otok

جزیره

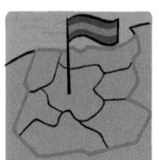

Narod

ملت

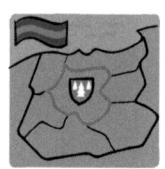

Država

کشور

Ura
ساعت

Številčnica

صفحه ی ساعت

Urni kazalec

ساعت شمار

Minutni kazalec

دقیقه شمار

Sekundni kazalec

ثانیه شمار

Koliko je ura?

ساعت چند است؟

Dan

روز

Čas

زمان

Zdaj

اکنون

Digitalna ura

ساعت دیجیتال

Minuta

دقیقه

Ura

ساعت

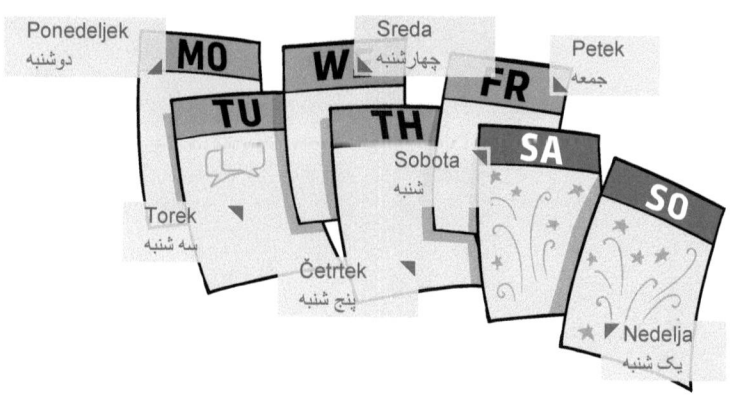

Ponedeljek
دوشنبه

Sreda
چهارشنبه

Petek
جمعه

Torek
سه شنبه

Sobota
شنبه

Četrtek
پنج شنبه

Nedelja
یک شنبه

Včeraj

دیروز

Danes

امروز

Jutri

فردا

Jutro

صبح

Poldne

ظهر

Večer

غروب

Delovni dnevi

روزهای کاری

Konec tedna

آخر هفته

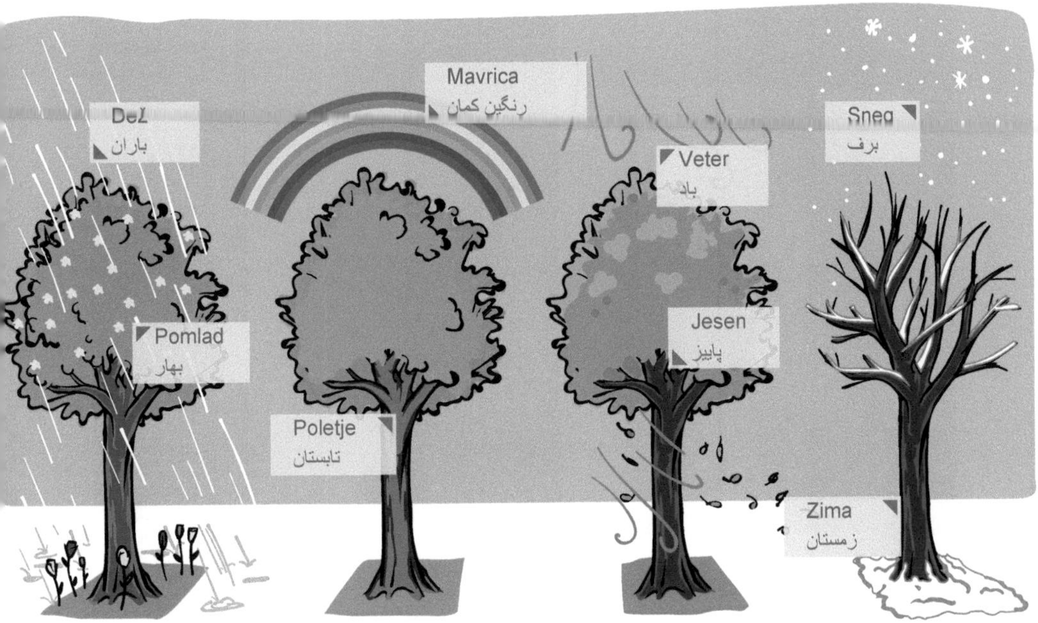
Dež
باران
Mavrica
رنگین کمان
Veter
باد
Sneg
برف
Pomlad
بهار
Poletje
تابستان
Jesen
پاییز
Zima
زمستان

4.APRIL 11°
5.APRIL 4°
6.APRIL 13°
7.APRIL 8°
8.APRIL 10°

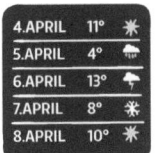

Vremenska napoved

پیش‌بینی اوضاع جوی

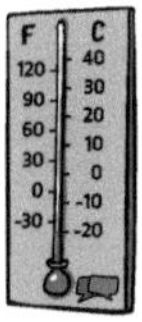
F C
120 40
90 30
60 20
30 10
0 0
-30 -10
-20

Termometer

دماسنج

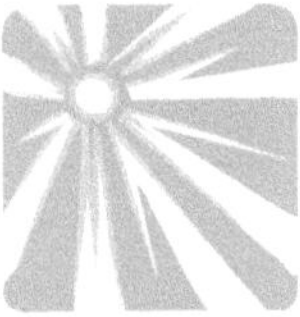

Sončna svetloba

تابش آفتاب

Oblak

ابر

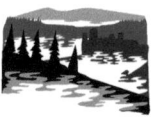

Megla

مِه

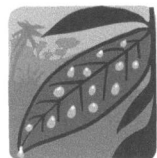

Vlažnost

رطوبت هوا

Strela

صاعقه

Grom

آسمان غره

Nevihta

طوفان

Toča

تگرگ

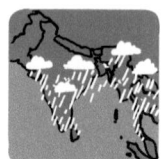

Monsun

باد موسمی

Poplava

سیل

Led

یخ

Januar

ژانویه

Februar

فوریه

Marec

مارس

April

آوریل

Maj

مه

Junij

ژوئن

Julij

ژوئیه

Avgust

آگوست

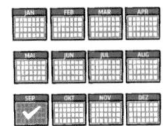

September

سپتامبر

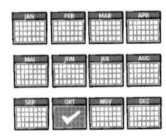

Oktober

اُکتبر

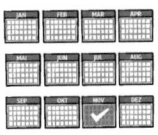

November

نوامبر

December

دسامبر

Oblike

اَشکال

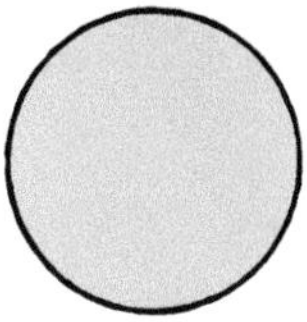

Krogla

دایره

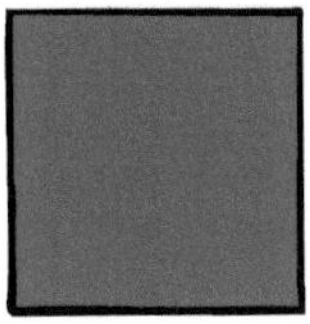

Kvadrat

مربع

Pravokotnik

مستطیل

Trikotnik

سه گوش

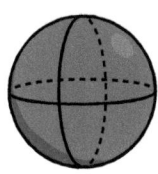

Krogla

گره

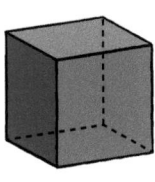

Kocka

مکعب مربع

Barve

رنگ ها

Bela

سفید

Rumena

زرد

Oranžna

نارنجی

Rožnata

صورتی

Rdeča

قرمز

Vijolična

بنفش

Modra

آبی

Zelena

سبز

Rjava

قهوه ای

Siva

خاکستری

Črna

سیاه

Nasprotja
متضاد ها

veliko / malo
خیلی / کم

jezno / umirjeno
خشمگین/ آرام

lepo / grdo
زیبا / زشت

začetek / konec
شروع / پایان

veliko / majhno
بزرگ / کوچک

svetlo / temno
روشن / تیره

brat / sestra
برادر / خواهر

čisto / umazano
تمیز / آلوده

popolno / nepopolno
کامل / ناقص

dan / noč
روز / شب

mrtvo / živo
مرده / زنده

široko / ozko
پهن / باریک

užitno / neužitno

قابل خوردن / غیر قابل خوردن

zlobno / prijazno

غضبناک / مهربان

vznemirjeno / zdolgočaseno

هیجان زده / بی حوصله

debelo / vitko

چاق / لاغر

prvo / zadnje

اولین / آخرین

prijatelj / sovražnik

دوست / دشمن

polno / prazno

پر / خالی

trdo / mehko

سفت / نرم

težko / lahko

سنگین / سبک

lakota / žeja

گرسنگی / تشنگی

bolano / zdravo

مریض / سالم

nezakonito / zakonito

غیرقانونی / قانونی

pametno / neumno

باهوش / خنگ

levo / desno

چپ / راست

blizu / daleč

نزدیک / دور

novo / rabljeno

نو / استفاده شده

nič / nekaj

هیچ چیز / چیزی

staro / mlado

پیر / جوان

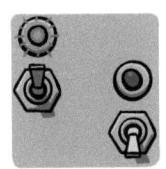

vklopljeno / izklopljeno

روشن / خاموش

odprto / zaprto

باز / بسته

tiho / glasno

آهسته / بلند

bogato / revno

ثروتمند / فقیر

prav / narobe

درست / غلط

grobo / gladko

زبر / صاف

žalostno / veselo

غمگین / خوشحال

kratko / dolgo

کوتاه / بلند

počasi / hitro

کند / تند

mokro / suho

تر / خشک

toplo / hladno

گرم / خنک

vojna / mir

جنگ / صلح

Števila

اعداد

0	1	2
Ničla	Ena	Dva
صفر	یک	دو
3	4	5
Tri	Štiri	Pet
سه	چهار	پنج
6	7	8
Šest	Sedem	Osem
شش	هفت	هشت
9	10	11
Devet	Deset	Enajst
نه	دَه	یازده

12
Dvanajst

دوازده

13
Trinajst

سیزده

14
Štirinajst

چهارده

15
Petnajst

پانزده

16
Šestnajst

شانزده

17
Sedemnajst

هفده

18
Osemnajst

هجده

19
Devetnajst

نوزده

20
Dvajset

بیست

100
Sto

صد

1.000
Tisoč

هزار

1.000.000
Milijon

میلیون

Jeziki

زبان ها

Angleščina

انگلیسی

Ameriška angleščina

انگلیسی آمریکایی

Mandarinščina

چینی ماندارین

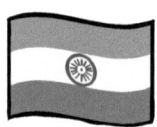

Hindujščina

هندی

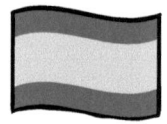

Španščina

اسپانیایی

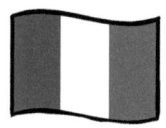

Francoščina

فرانسوی

Arabščina

عربی

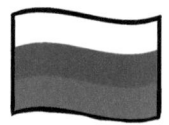

Ruščina

روسی

Portugalščina

پرتغالی

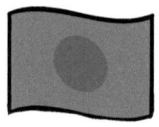

Bengalščina

بنگالی

Nemščina

آلمانی

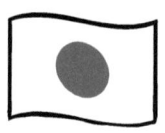

Japonščina

ژاپنی

Kdo / kaj / kako
چه کسی / چه چیزی / چگونه

Jaz

من

Ti

تو

On / ona / tisto

او

Mi

ما

Vi

شما

Oni

آنها

Kdo?

چه کسی؟ کی؟

Kaj?

چی؟

Kako?

چگونه؟

Kje?

کجا؟

Kdaj?

کِی؟

Ime

نام

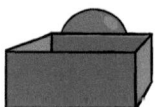

Kje
کجا

Zadaj

پشت

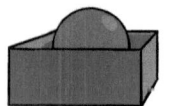

V

توی

Pred

جلو

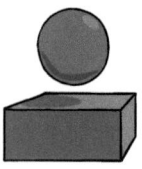

Nad

بالای

Na

روی

Pod

زیر

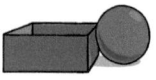

Poleg

مجاور

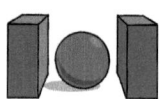

Med

بین

Kraj

مکان